INVESTIR INTELLIGEMMENT

 INVESTIR INTELLIGEMMENT

INVESTIR
INTELLIGEMMENT
GUIDE DU DÉBUTANT

INVESTIR INTELLIGEMMENT

INVESTIR INTELLIGEMMENT

CONTENU

Introduction

Chapitre 1: Les bases

Chapitre 2: Dois-je investir?

Chapitre 3: Choses...stabiliser

Chapitre 4: Créer des actifs supplémentaires

Chapitre 5: Stratégie et style

Conclusion

INVESTIR INTELLIGEMMENT

Introduction

Lorsqu'il s'agit d'investir, de nombreux nouveaux investisseurs veulent y mettre les deux pieds. Malheureusement, très peu de ces investisseurs réussissent. Investir dans quoi que ce soit exige un certain degré de compétence. Il est important de se rappeler que peu d'investissements sont sûrs - il y a un risque de perdre votre argent!

INVESTIR INTELLIGEMMENT

Chapitre 1: Les bases

Avant d'agir, il est préférable non seulement d'en savoir plus sur l'investissement et son fonctionnement, mais aussi de déterminer vos objectifs.

Qu'espérez-vous accomplir avec vos investissements? Financerez-vous des études universitaires? Acheterez-vous une maison? Prendrez-vous votre retraite? Avant d'investir un seul centime, réfléchissez vraiment à ce que vous espérez accomplir avec cet investissement. Savoir quel est votre objectif vous aidera à prendre des décisions d'investissement plus judicieuses en cours de route!

INVESTIR INTELLIGEMMENT

Le point de départ

Trop souvent, les gens investissent de l'argent en rêvant de devenir riches du jour au lendemain. C'est possible, mais aussi rare. C'est souvent une très mauvaise idée de commencer à investir dans l'espoir de devenir riche du jour au lendemain. Il est plus sûr d'investir l'argent de manière à ce qu'il croisse lentement au fil du temps et qu'il serve à la retraite ou à l'éducation d'un jeune. Toutefois, lorsque votre objectif d'investissement est de devenir riche rapidement, vous devez vous informer autant que possible sur les investissements à court terme et à haut rendement avant d'investir.

Vous devriez sérieusement envisager de parler à un planificateur financier avant de faire des investissements. Votre planificateur financier peut vous aider à déterminer le type d'investissement que vous devez faire pour atteindre vos objectifs financiers. Il ou elle

INVESTIR INTELLIGEMMENT

peut vous donner des informations réalistes sur le type de retour que vous pouvez espérer et le temps qu'il vous faudra pour atteindre vos objectifs particuliers.

Là encore, n'oubliez pas qu'il ne suffit pas d'appeler un agent de change et de lui dire que vous voulez acheter des actions ou des obligations. Il faut un certain nombre de recherches et de connaissances sur le marché lorsque l'on veut investir avec succès.

INVESTIR INTELLIGEMMENT

Chapitre 2: Dois-je investir?

Les investissements sont devenus de plus en plus cruciaux au fil des ans, car l'avenir des prestations de sécurité sociale est inconnu.

Informations importantes

Les gens veulent assurer leur avenir et savent que s'ils dépendent des prestations de la sécurité sociale, et dans certains cas des plans de retraite, ils peuvent avoir un réveil brutal lorsqu'ils n'ont plus la capacité de gagner un revenu régulier. Investir est la réponse aux inconnues de l'avenir.

Vous avez peut-être épargné de l'argent sur un compte d'épargne à faible taux d'intérêt

INVESTIR INTELLIGEMMENT

au fil des ans. Maintenant, vous voulez voir cet argent croître plus rapidement.

Vous avez peut-être hérité d'argent ou gagné une autre sorte de manne, et vous avez besoin d'un moyen de faire fructifier cet argent. Là encore, l'investissement est la réponse.

Investir est aussi un moyen d'obtenir les choses que vous voulez, comme une nouvelle maison, une éducation universitaire pour vos enfants ou des "jouets" coûteux. Bien entendu, vos objectifs financiers détermineront le type d'investissement que vous ferez.

Si vous voulez ou devez gagner beaucoup d'argent rapidement, vous serez plus intéressé par un investissement plus risqué, qui vous donnera un rendement plus élevé en moins de temps. Si vous épargnez pour un avenir lointain, comme la retraite, vous

INVESTIR INTELLIGEMMENT

voudrez faire des placements plus sûrs qui fructifient sur une plus longue période.

L'objectif général de l'investissement est de créer de la richesse et de la sécurité, sur une certaine période de temps. Il est essentiel de se rappeler que vous ne serez pas toujours en mesure de gagner un revenu - vous finirez par vouloir prendre votre retraite.

Vous ne pouvez pas non plus compter sur le système de sécurité sociale pour faire ce que vous attendez de lui, ni nécessairement sur le plan de retraite de votre entreprise. Une fois de plus, investir est la clé pour assurer votre propre avenir financier, mais vous devez faire de brillants investissements!

INVESTIR INTELLIGEMMENT

Chapitre 3:
Choses...stabiliser

Avant d'envisager d'investir sur un quelconque marché, vous devez examiner attentivement votre situation actuelle. Investir dans l'avenir est une excellente chose; cependant, il est plus important de clarifier ce qui ne va pas - ou ce qui pourrait ne pas aller - dans les situations actuelles.

Maîtrisez la situation. Sortez le rapport de solvabilité. Vous devriez le faire une fois par an. Il est essentiel de savoir ce qui figure sur votre rapport et d'éliminer le plus rapidement possible les éléments négatifs de votre rapport de crédit. Si vous avez mis de côté 25 000 dollars pour investir, mais que vous avez encore 25 000 dollars de mauvais crédit, vous feriez mieux de nettoyer le crédit d'abord!

Ensuite, regardez ce que vous payez chaque mois, et débarrassez-vous des dépenses qui ne sont pas nécessaires. Par exemple, les cartes de crédit à taux d'intérêt élevé ne sont pas nécessaires. Payez-les et débarrassez-vous d'eux. Si vous avez des prêts en cours à des taux d'intérêt élevés, payez-les aussi.

S'il n'y a rien d'autre, échangez la carte de crédit à taux d'intérêt élevé contre une carte à faible taux d'intérêt et refinancer les prêts à taux d'intérêt élevé par des prêts à faible taux d'intérêt. Vous devrez peut-être utiliser certains de vos fonds d'investissement pour régler ces questions, mais à long terme, vous constaterez que c'est la voie la plus sage.

Mettez-vous en bonne santé financière - et améliorez ensuite votre situation financière grâce à des investissements intelligents.

INVESTIR INTELLIGEMMENT

Il n'est pas judicieux de commencer à investir des fonds si votre solde bancaire est toujours faible ou si vous avez du mal à payer vos factures mensuelles.

Votre capital d'investissement sera mieux dépensé pour remédier aux problèmes financiers négatifs qui vous affectent chaque jour.

Pendant que vous êtes en train de vous remettre de votre situation financière actuelle, insistez pour vous renseigner sur les différents types d'investissements.

Ainsi, lorsque vous serez dans un état financier intelligent, vous serez armé des connaissances nécessaires pour faire des investissements tout aussi intelligents dans votre avenir.

INVESTIR INTELLIGEMMENT

Chapitre 4: Créer des actifs supplémentaires

De nombreux livres et plans éducatifs ont été rédigés sur la manière d'acheter des biens de manière judicieuse. Pour de nombreuses personnes, l'achat de biens est le plan le plus avantageux pour elles. Mais si vous avez l'intention d'acquérir des actifs afin d'investir à terme, la question est "Êtes-vous prêt à produire vos actifs plutôt qu'à acheter ceux de quelqu'un d'autre?

Construire

Ce livre traite des revenus passifs et de la manière de les transformer en un actif qui permettra de développer des atouts supplémentaires. Il ne s'agit pas seulement

INVESTIR INTELLIGEMMENT

de savoir comment obtenir beaucoup de revenus, mais aussi comment maintenir les revenus que les actifs procurent et faire en sorte qu'ils produisent encore plus d'actifs en plus de l'investissement. Il révèle combien de personnes parmi les plus riches sont venues pour gagner le plus de revenus.

Donc si cela vous intrigue, continuez s'il vous plaît. L'énigme est la suivante: "Comment produire un bien sans dépenser un revenu pour l'obtenir?

"Il y a des gens qui achètent des biens et il y a des gens qui produisent des biens".

Beaucoup d'individus ont des idées qui peuvent les rendre riches au-delà de leurs aspirations les plus folles. Le fait est que la plupart des individus n'ont jamais reçu d'instructions sur la manière de placer une structure commerciale dans leurs idées et que, par conséquent, nombre de leurs idées

INVESTIR INTELLIGEMMENT

ne prennent jamais forme ou ne se concrétisent pas d'elles-mêmes.

Si vous voulez faire partie des personnes qui ont de l'argent supplémentaire à investir, vous devrez comprendre comment établir une structure commerciale au sein de vos idées créatives. Une fois que vous aurez essayé de transformer vos idées en une fortune personnelle, de nombreuses personnes vous diront : "Vous ne pouvez pas faire cela.

Rappelez-vous toujours que rien n'efface plus vos idées incroyables que des individus ayant peu d'idées et une imagination limitée. L'obstacle à la transformation de nos idées en 100.000.000 voire 100.000.000

L'atout dollar est souvent la lutte entre notre propre esprit et notre propre cerveau, souvent moyen.

INVESTIR INTELLIGEMMENT

Il faut être ferme d'esprit et ferme dans ses convictions pour transformer ses pensées en fortunes. Même si vous comprenez la procédure par laquelle vos idées peuvent vous rendre riche, n'oubliez jamais que les idées impressionnantes ne deviennent de grandes fortunes que si l'individu derrière l'idée est tout aussi disposé à être impressionnant.

Il est souvent difficile à maintenir si tout le monde autour de vous dit : "Vous ne pouvez pas y arriver. Il faut avoir un esprit très solide pour résister au doute de son entourage. Mais votre esprit doit être encore moins attaquable si vous êtes l'individu qui se dit : "Tu ne peux pas faire ça. Cela ne signifie pas que vous devenez aveugle en n'écoutant pas les grandes et mauvaises idées de vos amis ou de vous-même.

Leurs idées et leur contribution doivent être entendues et souvent utilisées si leurs idées sont meilleures que les vôtres. Mais pour

INVESTIR INTELLIGEMMENT

l'instant, je ne parle pas d'idées ou de conseils simples.

Ce dont je parle, c'est plus que de simples idées. Je parle de votre état émotionnel et de votre volonté d'aller de l'avant même si vous êtes occupé par le doute et en dehors des grandes idées. Personne ne peut vous dire ce que vous pouvez ou ne pouvez pas réaliser dans votre vie.

Vous seul êtes capable de le réglementer. Votre propre grandeur est souvent au bout du chemin, et lorsque vous essayez de transformer vos pensées en revenus, il arrive souvent que vous arriviez au bout du chemin.

La fin du chemin est si vous êtes sans pensées, sans revenus, et plein de doutes.

Si vous êtes capable de découvrir en vous-même l'esprit de continuer, vous découvrirez

INVESTIR INTELLIGEMMENT

ce qu'il faut vraiment pour transformer vos idées en atouts incroyables.

Transformer une pensée en une grande fortune est plus une question d'esprit humain que de puissance du cerveau humain. A la fin de chaque parcours, la personne découvre son esprit.

Découvrir votre esprit et le rendre solide est plus crucial que l'idée ou l'entreprise que vous élaborez. Une fois que vous avez découvert votre esprit d'entreprise, vous pouvez toujours prendre des idées vraiment moyennes et les transformer en fortunes exagérées et avoir de l'argent à investir. Rappelez-vous toujours que le monde est rempli d'individus aux idées incroyables et de très peu d'individus aux grandes fortunes.

Chapitre 5: Stratégie et style

Comme l'investissement n'est pas une chose sûre dans la plupart des cas, il s'apparente à un jeu : vous ne connaissez pas le résultat tant que le jeu n'a pas été joué et qu'un gagnant n'a pas été déclaré.

Chaque fois que vous jouez à presque n'importe quel jeu, vous avez un plan.

Il en va de même pour les investissements: un plan d'investissement est nécessaire.

Connaître votre tolérance au risque et votre style d'investissement vous aidera à choisir des placements plus judicieux. Bien qu'il existe de nombreux types d'investissements

INVESTIR INTELLIGEMMENT

différents, il n'existe en réalité que trois tendances spécifiques en matière d'investissement, et ces trois tendances sont liées à votre tolérance au risque.

Les trois tendances d'investissement sont les suivantes:Conservatrice, modérée et agressive.

Ce que vous devez comprendre

Un plan d'investissement est essentiellement un plan visant à investir votre argent dans divers types de placements qui vous aideront à atteindre vos objectifs financiers sur une certaine période. Chaque type d'investissement contient des investissements individuels parmi lesquels vous devez faire votre choix. Un magasin de vêtements vend des vêtements - mais ces vêtements se composent de chemises, de pantalons, de robes, de jupes, de sous-vêtements, etc. La bourse est un type d'investissement, mais elle

INVESTIR INTELLIGEMMENT

contient plusieurs types d'actions, qui regroupent différentes entreprises dans lesquelles vous pouvez investir.

Si vous n'avez pas fait vos recherches, cela peut être très déroutant, simplement parce qu'il y a tant de types d'investissements et de placements individuels différents parmi lesquels choisir. C'est là qu'intervient votre plan, combiné à votre tolérance au risque et à votre tendance à l'investissement.

Si vous êtes novice en matière d'investissement, travaillez en étroite collaboration avec un planificateur financier avant d'effectuer tout investissement. Ils vous aideront à élaborer un plan d'investissement qui sera non seulement dans les limites de votre tolérance au risque et de votre tendance d'investissement, mais qui vous aidera également à atteindre vos objectifs financiers.

INVESTIR INTELLIGEMMENT

N'investissez jamais d'argent liquide sans avoir un objectif et un plan pour l'atteindre! C'est essentiel. Personne ne donne son argent à qui que ce soit sans savoir à quoi il sert et quand il le récupérera! Si vous n'avez pas d'objectif, de plan ou de projet, c'est essentiellement ce que vous faites! Commencez toujours par un objectif et un plan pour atteindre cet objectif!

Naturellement, si vous constatez que votre tolérance au risque est faible, votre tendance d'investissement sera probablement conservatrice ou, au mieux, modérée.

Si vous avez une grande tolérance au risque, vous êtes probablement un investisseur modéré ou agressif. En même temps, vos objectifs financiers détermineront également la tendance d'investissement que vous utiliserez.

INVESTIR INTELLIGEMMENT

Si vous épargnez en vue de votre retraite dans la vingtaine, vous devriez utiliser une tendance d'investissement prudente ou modérée, mais si vous essayez de réunir les fonds nécessaires pour acheter une maison dans les deux ans à venir, vous voudrez utiliser une tendance agressive.

Les investisseurs conservateurs veulent conserver leur investissement initial. En d'autres termes, s'ils investissent 5 000 dollars, ils veulent être sûrs de récupérer leurs 5 000 dollars initiaux. Ce type d'investisseur investit généralement dans des actions, des obligations et des comptes à court terme sur le marché monétaire.

Un compte d'épargne qui rapporte des intérêts est très courant pour les investisseurs conservateurs.

Un investisseur modéré investit généralement comme un investisseur

INVESTIR INTELLIGEMMENT

conservateur, mais il utilisera une partie de ses fonds d'investissement pour des investissements à plus haut risque. De nombreux investisseurs modérés investissent 50 % de leurs fonds communs de placement dans des placements sûrs ou prudents, et investissent le reste dans des placements plus risqués.

Un investisseur agressif est prêt à prendre des risques que d'autres investisseurs ne prendront pas. Ils investissent des sommes plus importantes dans des entreprises à haut risque dans l'espoir d'obtenir des rendements plus élevés, soit à long terme, soit à court terme. Les investisseurs agressifs ont généralement la totalité ou la plupart de leurs fonds d'investissement immobilisés en bourse.

Là encore, la détermination de la tendance d'investissement que vous utiliserez sera déterminée par vos objectifs financiers et

 INVESTIR INTELLIGEMMENT

votre tolérance au risque. Toutefois, quel que soit le type d'investissement que vous faites, vous devez l'examiner attentivement. N'investissez jamais sans disposer de tous les faits!

Conclusion

En cours de route, vous pouvez faire quelques erreurs d'investissement, mais il y a d'énormes erreurs que vous devez absolument éviter si vous voulez être un investisseur prospère. Par exemple, la plus grande erreur d'investissement que vous pourriez commettre est de ne pas investir du tout, ou de cesser d'investir pour plus tard. Faites travailler votre argent pour vous, même s'il ne vous reste que 20 dollars par semaine à investir!

Si ne pas investir du tout ou tergiverser sont de grosses erreurs, investir avant d'être en mesure de le faire financièrement est une autre grosse erreur. Mettez d'abord de l'ordre dans votre situation financière actuelle, puis commencez à investir. Obtenez votre crédit,

INVESTIR INTELLIGEMMENT

remboursez les prêts à taux d'intérêt élevé et les cartes de crédit, et économisez au moins 3 mois de frais de subsistance. Une fois que vous avez fait cela, vous êtes prêt à laisser votre argent travailler pour vous.

N'investissez pas pour devenir riche rapidement. C'est le type d'investissement le plus risqué qui soit, et vous avez plus que de chances de perdre. Si c'était simple, tout le monde le ferait ! Investissez plutôt sur le long terme, et ayez la patience de traverser les tempêtes et de laisser votre argent fructifier. N'investissez à court terme que lorsque vous savez que vous aurez bientôt besoin de l'argent, puis passez à des investissements sûrs, tels que des certificats de dépôt.

Ne mettez pas tous vos œufs dans le même panier. Répartissez-les dans différents types d'investissements pour obtenir les meilleurs rendements. De la même manière, ne déplacez pas trop votre argent. Laissez-le courir. Choisissez vos investissements avec

# INVESTIR INTELLIGEMMENT

soin, investissez votre argent et laissez-le fructifier. Ne paniquez pas si l'action baisse de quelques dollars. Si le stock est stable, il augmentera à nouveau.

Souvenez-vous, pas de risque, pas de gain, mais soyez malins!

INVESTIR INTELLIGEMMENT

Visitez notre site web! Obtenez d'autres livres de MENTES LIBRES!

https://www.amazon.fr/MENTES-LIBRES/e/B08274DDV4?ref_=dbs_p_ebk_r00_abau_000000

Si vous le souhaitez, vous pouvez laisser votre commentaire sur ce livre en cliquant sur le lien suivant afin que nous puissions continuer à nous développer! Merci beaucoup pour votre achat!

https://www.amazon.fr/dp/B0899KCRDF

www.ingramcontent.com/pod-product-compliance
Lightning Source LLC
Chambersburg PA
CBHW050308220526
45465CB00002B/868